AF175307

Renate Sültz & Uwe H. Sültz

Ein kleines Baum- und Natur-Büchlein

Kurzgeschichten, Bilder und Gedichte

BoD - Books on Demand

SUELTZ BOOKS INTERNATIONAL

Norderstedt 2022

Bibliografische Information durch die Deutsche Nationalbibliothek
Die Deutsche Nationalbibliothek verzeichnet diese Publikation in der Deutschen Nationalbibliografie; detaillierte bibliografische Daten sind im Internet über http://dnb.dnb.de abrufbar.

 Der alte Baum (Kurzgeschichte)    Der Birnenbaum (Gedicht)

 Die Rose (Gedicht)    Der Herbst (Gedicht)

 Frieden (Gedicht)   Lebe jetzt (Gedicht)

 Der Jäger (Gedicht)   Frühlingsgefühle (Gedicht)

 Ein alter Baum (Gedicht)   Im Regenwald (Kurzgeschichte)

 Der Frühling (Gedicht)    Der Sommer (Gedicht)

 Der Herbst (Gedicht)    Der Winter (Gedicht)

© 2022 Renate Sültz & Uwe H. Sültz

Herstellung und Verlag: BoD – Books on Demand, Norderstedt

ISBN 9-78375-5-78188-2

Der alte Baum

Karl war ein stolzer Ritter. Wenn es ihm möglich war, so traf er sich immer mit seiner Siglinde, seiner Angebeteten. Auf der grünen Wiese vergnügten sie sich regelmäßig. Sie lachten, weinten und küssten sich. Siglinde brachte immer einen gut gefüllten Korb mit allerhand Leckereien mit.

Karl griff herzhaft zu. Es war sein letzter Kreuzzug. Außer ein paar Stichwunden ist er unversehrt geblieben. Mit Siglinde wollte er ein neues Leben weit entfernt im Süden beginnen. So entkamen sie dem schwarzen Tod.

Plötzlich traf mich eine Bleikugel. Nun gut, ich war noch im Wachstum, ich konnte es vertragen, aber sie blieb ein Leben lang in meinem Stamm. Ich erinnere mich auch gern an Rüdiger und Liebermann. Wie oft spendete ich ihnen Schatten, wenn sie ihre langen

Schachpartien spielten und sie über Gott und die Welt philosophierten. Eines Tages gesellte sich Tiberius hinzu. Er hatte die Neuigkeit zu erzählen, dass es nur noch Arabische Zahlen geben würde und nicht mehr die Römischen.

Prompt ritzte er in meinen empfindlichen Stamm einen Kreis ein und sagte: „Das nennt man Null."

Ein neuer Sommer brach an. Konstanze legte unter meine weit

ausgebreiteten Arme eine Decke aus, mit vielen Köstlichkeiten. Ihr Liebster liebkoste Konstanze. Beide genossen die frische, saftige Luft der grünen Wiese. Bevor Konstanze aus einem dieser neuen, wunderbar gebundenen Schriften als Buch, etwas aus der Wissenschaft erfuhr. Der Buchdruck war geboren.

Eine lebhafte
Diskussion erlebte ich
einige Sommer später.
Zwei Freunde
unterhielten sich über die
Sonne. Wie oft habe ich
sie schon aufgehen und
wieder untergehen sehen.
Ich habe die Wärme
genossen. Beide
diskutierten heftig darüber,
dass sich die Erde nun um die Sonne dreht. Das war bislang
noch anders, die Erde schien der Mittelpunkt zu sein.

Ach, was interessiert es mich. Viele Paare liebten sich unter
meinen schützenden Armen. Ich habe mich immer sehr gefreut.

Dann sah ich 30 Jahre lang nur noch Verwüstung.
Man nannte es Krieg. Viele Kugeln trafen mich.

Ein junger Mann betete zu Gott. Ein anderer wurde von einer Kugel getroffen, er starb in meinem Laub.

Ach, hätte es doch lieber mich erwischt.

Ganz erschrocken bin ich gewesen, als dicht neben mir Brüder und Schwestern aufgestellt wurden. Ohne Arme, so richtig tot. Ganz kahl waren sie. Verbunden wurden sie mit langen Leinen. Ich hörte, wie zwei Arbeiter während der Pause von „Telegraphie" sprachen. Nun, wenn es unbedingt sein muss, dann muss es wohl so sein. Aber wieviel schöner wäre es gewesen, wenn diese Geschwister Blüten tragen würden.

Jetzt glühen nur die Drähte.

Ganz in meiner Nähe wurde ein fester Weg angelegt. Mit Staunen sah ich, dass die Fuhrwerke nun ohne Pferde auskamen. Dafür waren sie aber sehr laut und ein unangenehmer Geruch lag in der Luft. Manchmal knallten sie auch. Trotzdem amüsierten sich Luise und ihr Herrmann bei mir. Wir alle waren sehr glücklich.

Wieder, und immer wieder, wurde ich von Kugeln getroffen.
Ein riesiges Loch neben mir in der Erde hätte mich fast
vernichtet. Aber ich konnte mich noch so eben abstützen.
Männer in Uniformen sprachen vom 2. Weltkrieg.
Weltkrieg? Hoffentlich geht es meinen Geschwistern
auf der Erde gut. Und was machen erst die Menschen, die
Kinder, ihre Eltern und die Tiere?

Danach kam eine sonderbare Zeit. Junge Leute brachten
Fröhlichkeit, Tanz und Geräte mit, aus denen sie eine ganze
Kapelle aus einem kleinen Kasten hörten. Einige brachten
schwarze Scheiben mit. Renate war ganz begeistert von einem
gewissen Elvis, der mich aber nie besucht hat.

Im Himmel donnern schwere fliegende Fahrzeuge durch die
Luft. Sie sehen aus wie Vögel mit starren Flügeln.

Im Laufe der Zeit habe ich viel gesehen, gehört und erlebt.
Heute haben die jungen Leute Knöpfe im Ohr, sprechen von
Smartphones, Bluetouth und Computern.

Schweißgebadet und mit Luftnot starb Adam in den Armen von Eva. Eva schrie immer wieder: „Warum hast du mir meinen Mann genommen, du verfluchtes Corona-Virus!"
Irgendwann half Gott den Menschen. Von Adam und Eva habe ich schon früher gehört, aber da gab es mich noch nicht.

Seit dieser Krise halten alle Menschen endlich zusammen. Rund um die Welt. Alle Völker, alle Menschen, wissen nun endlich, wir alle sind gleich, wir alle haben die gleichen Rechte. Und alle wollen nun in Frieden auf diesem wunderbaren Planeten leben. Ich hoffe, ich höre auch einmal etwas Gutes von meinen Geschwistern im Regenwald. Dort spielt sich noch ein großes Drama für uns alle ab.

Ich stehe immer noch auf
der grünen Wiese,
denn mittlerweile
bin ich ein sehr alter Baum.

Der Birnenbaum

Prächtig wächst er stets nach oben.

Er gibt uns Obst, einmal im Jahr.

Werd' ihn immer dafür loben.

Er hat eine Seele, das ist wahr.

Kommt dann die Zeit der Ernte dran,

ist die Arbeit riesengroß.

Ich komm' nicht an die Früchte ran.

Mein Gott, was mach' ich bloß.

Die schönsten Birnen sind versteckt,

hoch oben in des Baumes Krone.

Den Vögeln auch das Obst gut schmeckt,

doch was sie picken, ist nicht ohne.

Drum pfleg' ich ihn, den tollen Baum.

Alle sollen die Früchte essen,

denn diese Birnen sind ein Traum.

Den Birnbaum werd' ich nie vergessen.

Die Rose

Stolz wächst sie in meinem Garten,

die schönste Blume der Natur.

Ich muss sie haben, kann gar nicht warten.

Doch warum sticht die Rose nur?

Sie ist für Liebe das Symbol.

Betörend ihr Geruch.

Fühl' mich in ihrer Nähe wohl.

Kann von ihr haben nie genug.

Schenkt mir mein Schatz mal einen Strauß,

bin ich noch mehr verliebt.

Schnell hol' ich eine Vase raus.

Wie schön, dass es die Rose gibt.

Der Herbst

Herbst, du schöne Zeit.

Zart ist deine Pracht.

Der Winter, er hält sich bereit.

Berührst mein Herz ganz sacht.

Zerbrechlich sind nun deine Blätter.

Zärtlich fallen sie auf mich nieder.

Herbst, du bist mein Seelenretter.

Lebenslang und immer wieder.

Dein buntes Bild sagt mir so viel.

Fast wird es Zeit zu gehen.

Der Winter ist nun fast am Ziel.

Herbst, werd' ich dich wiedersehen?

Frieden

In Frieden wollen wir leben

und den Kriegen weichen.

Wir müssen uns die Hände geben,

dann können wir viel erreichen.

Friedlich reden, ist so wichtig.

Versuchen zu versteh'n,

zuhören wäre doch richtig.

Und dann in Frieden wieder geh'n.

Gehet aufeinander zu,

vermeidet jeden Streit,

friedlich und in aller Ruh'.

Nutzt endlich die Gelegenheit.

Lebe jetzt

Ewig ist kein Leben.

Still vergeht die Zeit.

Bald werden wir gen Himmel schweben.

Das Paradies ist nicht mehr weit.

Drum lebe jetzt, das ist so wichtig.

Tue das, was du tun musst.

Nimm dich selbst wieder wichtig.

Leg' endlich ab den Frust.

Zum Leben gehört... an etwas zu glauben.

Glauben auch an sich selbst.

Lass' dich nicht des Glücks berauben.

Ganz fest du es in deinen Händen hältst.

Der Jäger

Einst ging ein Förster durch den Wald.

Er wollte ein Reh erlegen.

Doch er blieb stehen und merkte bald,

nichts konnte er mehr bewegen.

Das Reh, es sprang ganz wild umher.

Es freute sich des Lebens.

Der Jäger ärgerte sich sehr,

dass seine Müh' vergebens.

Er gab es auf, der Jägersmann.

Wollte von Rehen nichts mehr wissen.

Fröhlich ging er in den Wald sodann.

Konnte nie mehr Rehe schießen.

Frühlingsgefühle

Die ersten Knospen sprießen,
Der Frühling ist schon da,
Die Schönheit woll'n wir genießen,
Eine herrliche Zeit, oh ja,

Der Igel kommt aus seinem Bau,
Einen langen Winter hatten wir,
Nun sucht auch er sich eine Frau,
Und bleibt in unserem Garten hier,

Auch Herzen werden sich jetzt finden,
Ach, ist der Frühling schön,
Sie wollen sich für immer binden,
Und feste zueinander steh'n,

Ein alter Baum

Erhaben, groß und voller Pracht,

wehen die Blätter auf und nieder.

Seine Krone weht ganz sacht,

im Takte des Windes immer wieder.

Er ist so stolz, hat viel gesehen,

Konnte Kriege überleben.

Horch hin, du kannst ihn gut verstehen,

wir sollten ihm Ruhe geben.

Im Regenwald

An der Ostküste Brasiliens lebt seit langer Zeit die Baumfamilie Mata. Seit Generationen sorgt sie für gute Luft für Mensch und Tier. Ohne Familie Mata und allen weiteren Bäumen sähe es für Menschen schon mies aus. Natürlich verbrauchen auch Bäume Sauerstoff, aber viel weniger als sie produzieren. Leider verlieren wir 14 Millionen Hektar Wald pro Jahr. Das ist eine Fläche von Österreich und der Schweiz.

Nahe der Grenze zu Französisch Guyana im Osten Brasiliens, lebt, wächst und gedeiht die große Familie Mata.

„Pssst, lauscht einmal, da, in der Ferne ist doch ein brummendes Geräusch.", flüstert der kleine Sohn. „Ja, lieber Sohn, ich höre es schon seit einigen Wochen.", antwortet der Vater. Der Vater ist ein 300 Jahre alter Paranussbaum. Mit seinen fast 60 Metern Höhe ist er riesig und erhaben im Regenwald.

„Und, Papa, was bedeutet dieses Geräusch?" „Sohn, wenn gute Menschen nicht bald eingreifen, dann werden wir wohl sterben.", so der Vater. „Aber Papa, das verstehe ich nicht. Wir produzieren doch den frischen Sauerstoff für die Menschen und für die Tiere, damit sie alle leben können. Warum sollen wir getötet werden?" „Die Menschen benötigen Papier, sie benötigen Platz für ihre Tierhaltung, sie wollen Soja und Palmöl." „Verstehe, aber ist das nicht etwas Gutes mit der Tierhaltung? Ich bin doch jetzt schon so groß, dass ich in einiger Entfernung viele Tiere sehe." „Nun, Sohn, das sind leider Tiere, die in Gefangenschaft leben und den Fleischkonsum der Menschen befriedigen. Auf deinen Armen klettert gerade ein Nasenbär herum, der lebt in Freiheit, der freut sich, wenn er unsere gute Luft einatmet." „Ja, es kitzelt ganz schön. Und was passiert, wenn wir beide und alle anderen Familien getötet werden?"

„Das ist dann eine sehr traurige Zukunft für alle auf dieser schönen Erde.
Die Welt kommt aus dem Gleichgewicht. Zudem verbrauchen Menschen unsere
Vorfahren und Tiere aus der Vergangenheit, sie nennen es Kohle, Gas und Öl.
Alles wird irgendwann wieder umgewandelt. Es entstehen bei der Verbrennung
Klimagase. Diese Gase legen sich wie eine Dunstglocke um die Erde, es entsteht
ein Treibhaus. Ein kleines Treibhaus, für Tomaten etwa, ist ja etwas Gutes, aber
ein so riesiges rund um die Welt, das wird niemand überleben. Denn das
kurzwellige Sonnenlicht scheint auf die Erde, das ist gut, aber die langwellige
Wärmestrahlung wird durch diese Glocke reflektiert. Somit erhitzt sich der
Planet." „Oje, oje! Papa, was machen wir denn da?" „Sohn, wir sind angewiesen
auf das Verständnis aller Menschen. Sie müssen begreifen, dass es ihr
Untergang ist. Ändern kann es nur die Politik. Es hilft auch leider kein Gebet
mehr, es muss sofort gehandelt werden."
„Ja, Papa, sofort und nicht morgen, denn die Brummgeräusche werden lauter."

Der Frühling

Ein süßer Duft kommt mir entgegen,

der Lenz ist wieder da.

Verliebte schauen ganz verlegen.

Ich freue mich Jahr für Jahr.

Die Natur fängt an zu leben.

Alles duftet und erwacht.

Die Vögel durch die Wolken schweben.

Ich pflücke eine Blume sacht.

Der Sommer

Eine neue Jahreszeit ist da,

Vögel singen ihre Lieder.

Es ist die schönste Zeit im Jahr.

Störche kommen immer wieder.

Eine warme Brise weht sacht.

Bäume zeigen ihre Pracht.

Zufrieden die Sonne lacht.

Zeigen stolz ihrer Krone Pracht.

Der Herbst

Herbstlich kühl ist es heute,

Blätter fliegen hin und her.

In Regenjacken gehen Leute.

Überall liegt ein Blättermeer.

Kinder tragen Regensachen.

Sie freuen sich ganz doll.

Wollen Kastanienmännchen machen,

bald haben sie ihr Körbchen voll.

Der Herbst zwingt uns zu denken,

an ein schönes, langes Leben.

Er will uns Liebe schenken,

will uns Gesundheit geben.

Bald ist das Jahr zu Ende.

Es ist Erntedank, kommt herein.

Nicht weit ist die Jahreswende,

es soll nicht die Letzte sein.

Der Winter

Die kalte Zeit ist gekommen.

Fort ist die Blätterpracht.

Er rückt näher, unbesonnen.

Lässt es schneien ganz sacht.

In den Stuben ist es gemütlich warm.

Von draußen hört man des Winters Gesang.

Der Vogel am Fenster ist schon zahm.

Frostig ist der Winter und lang.

Wir wünschen allen
Leserinnen und Lesern
alles Gute im neuen Jahr,
vor allem Gesundheit!
Renate & Uwe H. Sültz